AU PEUPLE

ET

AUX ANARCHISTES.

DÉDIÉ AU CITOYEN ALBERT, OUVRIER.

PAR

UN OUVRIER DES BARRICADES.

L'Ouvrier régnant ;
Les Tyrans exclus ;
Le Peuple électeur ;
La corruption tombée.

PARIS.

Typographie Bénard et Comp., pass. du Caire 2.

— 1848. —

AU PEUPLE

ET

AUX ANARCHISTES.

La blouse a triomphé, honneur à la blouse! — L'*ouvrier* vient de renverser un système de corruption, pour le remplacer par un système de franchise et de fraternité; honneur à l'ouvrier! et qu'aujourd'hui, il recueille le fruit de sa victoire.

Deux jours ont suffi à un peuple pour abattre un pouvoir, une tyrannie que dix-huit années de manœuvres corruptrices n'ont pu asseoir; combien de temps, Parisien, mettras-tu pour organiser ton travail, pour ne plus l'interrompre? Le temps de la terreur est passé. Dans ta magnanimité, dans ta grandeur d'âme, après la victoire tu as su montrer quels étaient ton courage et ta noblesse, te démentiras-tu?

Non! le cœur de l'ouvrier est grand, et l'amour de l'ordre et du travail plus grand encore chez lui!

Fabricants, rouvrez vos ateliers; ouvriers, reprenez vos travaux. Laissez aux mutins des discussions démesurées sur l'augmentation du salaire; leurs exactions vous mèneraient à votre ruine. Que le maître consciencieux augmente de lui-même la journée de l'ouvrier, et la confiance renaîtra, l'ordre se rétablira de plus en plus, et tous vous pourrez attendre les décisions prises par le Gouvernement provisoire qui, lui aussi, comprenant la responsabilité que la Nation fait peser sur

chacun de ses membres, conciliera les intérêts de tous.

Peuple, si tu sais renverser un pouvoir,
ce n'est que lorsqu'une suite plus ou moins
grande de forfaits ont passé sur ta tête sans
l'atteindre. Mais lorsque les actes, les vio-
lations te touchent de trop près et te frois-
sent, alors tu grondes, tu éclates, et ce
que tu fais en deux heures, ce que
tu immortalises, réclame et demande
comme soutiens des hommes éclairés et
comprenant tous tes besoins. Aujourd'hui,
tu es arrivé à un but que craignait le pouvoir monarchique; dans ton élan, tu as
salué la République par des cris de joie, par
des acclamations sans nombre, par des
chants patriotiques. Maintenant que ces
protestations ont eu des échos d'un bout à
l'autre de la France, ce qu'il te reste à

faire, ce qu'il te reste à rétablir, c'est le travail.

Les soutiens de l'ancien système ont courbé le front devant ta conduite. Peuple, l'on te traitait dans l'aristocratie, comme l'on traitait tes pères avant 89, l'on te mettait au rang des serfs ou des esclaves ; l'on voulait jouer ta vie, ta fortune, pour doter des hommes indignes du nom français, des dépouilles du prolétaire, mais le peuple, le prolétaire, l'ouvrier, a bien su se venger, lorsqu'il a eu recouvré sa liberté. Que vous a-t-il laissé, à vous dont la soif de l'or ne pouvait se tarir ? Il vous a laissé son mépris.

Vous vouliez jouer avec la fortune d'un peuple, vous vouliez vous rallier à un parti, à un homme faussaire de ses serments ; maintenant, regardez derrière vous, et voyez quelles sont les traces qui transmettront vos noms odieux à la postérité.

Gloire, honneur et admiration pour eux, et pour vous, honte et dégradation.

Qu'ont-ils fait de notre belle France, ceux qui se disaient nos maîtres? Dans quel lieu, dans quelle contrée ont-ils fait revenir notre gloire? Qu'ils répondent maintenant, qu'ils viennent se justifier, qu'ils viennent rendre compte au peuple de leur ouvrage; ils n'osent, car la nation entière se lève pour les accuser; leurs œuvres sont là qui les condamnent.

La délapidation de nos finances dénote assez leur rapacité. Les places, les honneurs dont ils étaient dotés montre à découvert leur ambition. Les concessions faites à l'étranger, accusent leur lâcheté.— Mais silence, le peuple a tout oublié, déjà ses bras sont au service de la patrie. Son honneur a été mis en jeu par des hommes indignes, il saura le conserver intact. Le Français est grand, courage au peuple.

Oh! oui, maintenant, courage à toi, pauvre ouvrier, que ton front ruissèle encore de sueur, tâche d'ôter cette marque infâme ; des lâches l'ont laissée en héritage ; tu les as renversés; maintenant, que ton ardeur au travail les obcurcisse et les efface à jamais de la liste des citoyens, car ils saliraient vos noms par leur contact.

Depuis un mois, peuple parisien, ta condition a changé; l'ex-régime, pour s'assurer les suffrages des électeurs, les achetaient au poids de l'or. Honte et infamie à ceux dont l'opinion se vend au plus fol enchérisseur ! Maintenant c'est toi qui va décider de ton sort; c'est toi, ouvrier, dont le contact faisait rougir l'ancien système, toi, que l'on méprisait à cause de ta pauvreté, toi, que l'on voulait ramener et faire plier sous le joug, c'est toi, dis-je, qui va proclamer hautement ton Gouvernement et nommer tes Représentants.

Qu'en dites-vous, messieurs les anarchistes, messieurs les acheteurs de votes? à chacun, selon ses œuvres. Venez donc maintenant délier vos bourses devant ce peuple, venez lui promettre places et honneurs, venez recommencer cet agiotage qui vous plait tant; et quoi, vous n'avez point encore organisé vos sourdes menées, lancé vos satellites, mais en voici des élections, en voici des suffrages à vendre ; avant, le nombre en était encore assez restreint comparativement à leur étendue d'aujourd'hui. Sous l'ancien régime vous enrichissiez des riches, maintenant c'est un peuple pauvre qui est à corrompre ; ce sont des électeurs presque sans ressources, et dont l'opinion politique est encore neuve qui pourraient recevoir vos largesses, ce sont des ouvriers, la *lie de la nation* comme vous le disiez, qui ont besoin d'argent. Mais si ce peuple, si ces ouvriers sont sans ressources, ils ont de l'honneur, et croyez-vous que cet honneur ils le sacrifient pour de l'or, non? l'honneur reste intact, et l'or avilit le citoyen lorsqu'il ne l'a pas acquis par son travail et ses fatigues.

N'ajoutez pas une nouvelle tache à votre vie. Vous avez trompé le pays; restez dans l'obscurité, et de dedans vos salons dorés, entendez ces cris de joie franche et loyale, poussés par un peuple victorieux et heureux de saluer l'ère nouvelle.

Et vous citoyens des barricades, ne vous sera-t-il pas permis de vous donner aussi quelques avis au sujet des élections prochaines. Comprenez-vous bien l'action que vous allez accomplir, et saurez-vous choisir

des Représentants dignes de débattre vos
intérêts? Nous le croyons, mais si parmi
vous il se trouve encore des esprits tièdes,
des hommes dont l'opinion ne soit pas encore assez éclairée ; que ceux qui sentent
fortement ce qu'ils vont faire les aident de
leurs lumières. La liberté du vote va donc
être mise à exécution. Nous attendons son
effet, pusse-t-il être aussi heureux que nous
le pensons, et le citoyen qui vient de con-
quérir la liberté au prix de son sang saura-
t-il, aura-t-il la force de la proclamer d'une
voix unanime! Oui, il le saura, car jusqu'à
ce jour il a été assez éclairé sur les actes
indignes et les diffamations que le gouvernement déchu laisse derrière lui comme
chef-d'œuvres, pour mettre à sa tête des
hommes capables de violer le droits de
l'homme et leurs serments. Ce qu'il nous
faut maintenant, peuple français, ce sont

des hommes dont l'opinion soit connue, des citoyens dont les noms rappellent la vertu et l'amour du travailleur, des hommes qui sachent maintenir le gouvernement en le faisant respecter au dehors et en dotant le pays de lois sages et libérales pour le bien de tous. Avec une représentation ainsi composée, vous agrandirez votre gloire, vous acheverez votre ouvrage, et vos enfants rediront à la postérité ce que vous avez fait pour eux en défendant une cause sainte, une cause à laquelle se rallieront tous les peuples, la cause la plus belle, celle de la liberté.

Des clubs sont établis pour discuter sur les élections. Là, des citoyens dévoués et libéraux débattent différents systèmes, différentes questions sur le vote des Représentants. Courez à ces réunions, éclairez-vous des lumières de ces hommes libéraux, embrassez leurs pensées, et lorsque le moment sera venu, vous irez, forts de votre opinion, déposer un vote que nul n'osera vous discuter.

Travailleurs et ouvriers, encore un mot. Enfants de l'industrie, redoublez d'ardeur, reprenez vos travaux avec un nouveau courage, car maintenant, c'est vous qui vous enrichissez, et non des individus qui marchandaient votre sueur et vos fatigues.

Une Commission a été nommée, à votre unanimité, pour discuter vos intérêts et organiser le travail ; elle est composée d'hommes populaires qui prennent à cœur votre bien-être. Laissez-les résoudre et débattre ces questions, abandonnez des prétentions qui peuvent devenir monstrueuses et ruineuses pour de certains chefs d'établissements. Rentrez tous dans l'ordre primitif, car c'est dans l'ordre qu'est le tra-

vail, et sans ordre, il n'y a point de travail possible. Ayez confiance, le peuple ne
sera plus trompé.

Le règne de la corruption est tombé par
lui-même, le règne de la liberté commence;
soutenons-le.

AUG. VERVELLE fils,

34, faubourg Saint-Denis.

www.ingramcontent.com/pod-product-compliance
Lightning Source LLC
Chambersburg PA
CBHW050737070726
47597CB00009B/3959